Marius Hoffmann

AF223093

Marius Hoffmann

Blaualgenblüte

Gedichte

© 2007, zweite Auflage 2015
Alle Rechte liegen beim Autor
Umschlag: Paul Cézanne (1839-1906) - La Montagne Sainte-Victoire,
von der Straße nach Tholonet aus gesehen (1896/98), Öl auf Leinwand (Ausschnitt)
Herstellung und Verlag: BoD - Books on Demand, Norderstedt
Printed in Germany
ISBN 978-3-8334-9242-6

Blaualgenblüte

„Aber das Brüderchen hatte sich gleich beim Brünnlein
niedergekniet, hinabgebeugt und von
dem Wasser getrunken,..."

(Gebr. Grimm, „Brüderchen und Schwesterchen")

Für die beiden

Blaustich

KEINE JAHRESZEIT

Ein Bächlein
Das verwünscht ist
Hat keine Jahres-
zeit mehr

VERWÜNSCHTE BÄCHLEIN

Es sind die

Schatten der Bäume

Die aufstehen im Wald

Und daraus noch

Trinken

BLAUALGENBLÜTE

Im
Schimmer
Der Blaualgenblüte
Fallen die Schatten der
Weiden nicht tief ins
Verwunschene
Wasser

Für J.

A U G E N A U F S C H L A G

Zwi-

schen Zuver-

sicht und Furcht dass

Etwas doch Mögliches dir

Nie oder dann immer pas-

siert liegt stets ein Ver-

wünschtes Erwa-

chen

BERÜHRUNG

Blüten-
verwundet unver-
wandter Reiz in Form ei-
nes denkbar nicht schöneren
Gartens der auf sich und alles
Erblühende bei Berührung
Ins verschüchtert Trau-
rige gebannt re-
agiert

ZEITLOSE VERWÜNSCHTHEIT

Positives

Das reflexiv in ei-

ner umgebend nicht

Endlichen Negation

Sich fremd wird

Ohne es zu

Sein

INNERE STRÖME

Sie fließen
Durch Brücken
Die du dir selbst
Dann gebaut
Hast

RAPUNZEL

Es
Gibt die auf
Seltsame Weise dich ber-
gende letzte Stabilität in der Dis-
tanz von dort unberührbarer Berühr-
barkeit die durch deine reflektiert
Eigene Sprache sanft erschli-
chen sich dann doch
Überwinden
Lässt

KEIN BILD DER ZEIT

Den Ort an den
Es dich verschlüge
Gäb's ja schon

FINDLING

Geschichte
Des Findlings um-
schlossen von Wirk-
lichkeit die seinen
Ursprung nicht
Kennt

TROJANISCHES PFERD

Ein
Ring der deine
Wünsche erfüllt oh-
ne sie zurückneh-
men zu kön-
nen

T R A G I S C H

Ei-
ne Sirene
Zu sein ohne
Es zu wis-
sen

E C H O L O T

Jede
Sirene ist
Schreck-
lich

R E U E

Wie im
So unendlichen
Echo deines
Rufs

FORTGANG

Ist es

Nicht seltsam

Vom Fortgang der

Träume kaum je

Etwas wissen

Zu kön-

nen

WIE WENIG

Wie wenig du
Brauchst merkst du
Im nahen Moment
Deines Schlafs

SEEKRANKHEIT

In der
Wahrnehmung
Seiner selbst im Bezug
Zum Umfeld ein Verlust
Der Gültigkeit von
Anhaltspunk-
ten

MIT DER ZEIT

Es
Ist die
Möglichkeit
Des Fremdeln-
den die Küsten
Ans Meer zu
Verlie-
ren

A L L E R G I S C H

Nie-
mand ist al-
lergisch auf Was-
ser ohne auf sich
Selbst es zu
Sein

T R O C K E N

Du
Wirst mer-
ken dass ein See
Aus trockenem
Wasser leer
Ist

IN SALZIGES WASSER

Wie

Wohl ein

Fluss sich füh-

len wird wenn

Er in salziges

Wasser ge-

rät

V E R B L E I B

Es gibt
Keine Stra-
tegie für den
Verbleib ei-
ner Forelle
Im Meer

AQUARIUM

Ei-
ner Forelle
Im Meer hilft
Kein Aqua-
rium

FELS UND FLOSS

Beide

Werden vom

Fluss umspült und

Sprechen doch so

Anders da-

von

L E U C H T T U R M

We-
sentlich an
Ihm bleibt sei-
ne sichtbare
Positi-
on

SCHIFFE AM HORIZONT

Mit

Oder oh-

ne Nachricht

Dein Blick dort

Bleibt nicht

Mehr der-

selbe

AN LAND

Du
Solltest bes-
ser gefasst sein
Falls du versuchst
An einer Klippe
An Land zu
Gehen

IN DER DRIFT

Schollen die

Im Kern ja noch sind

Was sie waren verlieren

Sich ans schlechthin

Nicht Haltbare

N E T Z E

Sobald
Du die Trau-
er bemerkst be-
merkst du sie
Immer

S T E I N

Ins
Meer ge-
worfen siehst
Du ihn nicht
Wieder

B L A U S T I C H

Es ist
Der Blaustich
Dem Seerosen aus
Dem Weg ge-
hen

D O R N E N

Wie

So seltsam

Dass die Dornen

Zuerst erwach-

sen wer-

den

DURCHGANG

Es
Kommt da-
rauf an wie eng
Du die Rosen
Gepflanzt
Hast

IM SCHATTEN

Es
Ist das Ge-
heimnis der Veil-
chen die Rosen nie
Im Schatten zu
Haben

AN DER ROSE

Erinnerst

Du dich an der

Rose jemals eine

Biene gesehen

Zu haben

SCHATTENBILDER

Blau im
Akazienlicht
Flirrende Blätter
Und nur am Bo-
den ein Tanz
Der Schat-
tenbil-
der

VORTEIL

Es
Muss ein
Vorteil sein dass
Es Vögel gibt die das
Fliegen dort aufge-
gegeben ha-
ben

K U C K U C K

Wie
Viel weißt du
Vom Kuckuck wenn
Du sein Rufen
Hörst

AUF DEM DACH

Wann weißt du

Von der Taube auf

Dem Dach mehr

Als Gegurrtes

K O A L A

Der Duft von
Eukalyptus ist nur
Weg vom Baum für
Ihn verräterisch

DAS FREMDELNDE

Es ist das
Fremdelnde das
Den Efeu um dich
Wachsen lässt

BRENNNESSEL

Ihr We-
sen zu grei-
fen geschieht
So ganz an-
ders

SICHTBAR

Wenn Gras über

Die Sache wächst

Scheint sie dir bald

Nicht mehr sichtbar

A U R A

Welcher
Baum macht dir
Die Aura des
Waldes

IM BERÜHREN

Der
Unterschied
Zwischen Verschatte-
tem und Verwünschtem
Liegt im Berühren
Der Nesseln

S T A T I S T I K

Was
Nützen dir
Birnen wenn sie
Aus Äpfeln
Besteht

SELTSAM

Selt-
sam dass
Manches beim
Falschen Namen
Genannt ihn
Dann be-
hält

B E M E R K T

Bemerk-
te Wirklich-
keit ist nicht
Die Regel

L E I M G A N G

Nicht sel-
ten geschieht
Das Eigentli-
che woan-
ders

SELBST GELEBTES

Wahr

Wird für einen

An der Wirklichkeit

Gespiegelt selbst

Gelebtes

DOCH SELTSAM

Dass dir

Die Dinge immer

Wieder doch seltsam

Geschehen ist nicht

Zu gewöhnen

STETS DAVOR

Reflexion wie stets
Davor eine Antwort
Stets vor der Frage

UNERSCHEINBARKEIT

Durch Re-
flexion geschriebe-
ne Wirkung von Reflexion
Entspricht einer ursächlichen
Unerscheinbarkeit mit ih-
rem Echo als An-
ker

R E F L E X I O N

Sinn ent-
steht durch Re-
flexion deren Me-
chanik frei von
Willkür ist

S C H R I T T E

Es macht nur
Sinn Grenzen zu
Überschreiten die
Du auch kennst

E H R L I C H K E I T

Sein und

Schein nimmst

Du die Dif-

ferenz

B E G I N N

Sein größ-
ter Feind ist der
Fehlende An-
fang

<u>S C H A U</u>

Auf
Wasser-
skiern wirst
Du versin-
ken

IM ABSEITS

Dort nützt
Keine Ab-
sicht

P O S I T I O N

Falls
Nicht das Höch-
ste der Maßstab ist
Irrst du in der Po-
sition dich
Schwer

B E S U C H E R

Verliebte
Sind nur Be-
sucher am
Meer

F O L G E

Je-

manden

Lieben heißt

Sich nicht erin-

nern ihn nicht

Geliebt zu

Haben

LICHT IN DER WELT

Selbst ein

Blinder spürt

Dein Licht in

Der Welt auf

Seiner Haut

FANGFRAGE

Ist
Von dir
Etwas nötig
Um geliebt
Zu wer-
den

FRAGE

Kann

Jemand eine

Landschaft lieben ei-

ne Muschel einen Duft

Eine Hand oder ein

Herz für drei

Tage

W U R Z E L N

Falls
Deine Lie-
be in ihrer See-
le keine Wurzeln
Schlägt wirst du
Sie brauchen

SPIELART

Was meint

Die so seltsame

Spielart dass du den

Physischen Duft der so

Sehr Geliebten nicht

Wahrnimmst

FÜR DEN ANDERN

Jeman-
den lieben weil
Er dich glücklich macht
Ist vielleicht die ange-
nehmste Art an
Sich zu den-
ken

F L I E H K R Ä F T E

Falls du's
Nicht ins Zentrum
Eines Herzens schaffst
Wirst du dich in ihm
Nicht halten

VERLETZBAR

Wirst du
Auf eine so andere
Art verletzbar falls jemand
Den Zauber nicht mehr ver-
liert wenn du dich mit
Ihm beschäf-
tigst

N A C H T

Wenn

Du die Wahl

Hast zwischen

Nur einer und

Keiner nimm

Das Zweit-

beste

BESCHLAGEN

Ein bit-
terer Scherz
Falls du ihr Wel-
ken der Gefühle
Für dich nicht
Erkennen
Könn-
test

HALTUNG

Wenn
Du spürst
Dass die Seele
Loslässt halte dich
Fest und lass den
Rest mich ver-
gessen

EINFACH

Wäre es
Nicht einfach
Wenn du etwas da-
für tun könntest mit
Jemandem zusam-
mensein zu wol-
len den deine
Liebe ver-
loren
Hat

B E T R A C H T

Hast
Du versucht
Mich zu betrach-
ten aus der Sicht
Jener die du ge-
worden
Bist

VERBOTENE GESTE

Könntest du ihr

Die du ja so liebst noch

Einmal begegnen falls sie

Nichts davon weiß und

Sich an dich nicht

Mehr erinnert

WUNSCH

Falls ich ei-
nen Wunsch frei
Hätte so den im Her-
zen eines Menschen
Aus eigener Kraft
Mich halten zu
Können

WUNDSIEGEL

Was weißt du
Von einer Hand
Als Siegel über
Der Wunde

U N B E R Ü H R B A R

Ein Mo-
ment stets vor
Der Konsequenz
Des Handelns vor
Dem jetzt Unbe-
rührbaren

IM NEGATIV

Eine

Absichtslose

Losgelassenheit

Wird durch den ins

Hinaus geschobenen

Willen im Negativ

Ihrer Gegenwelt

Identifizier-

bar

KONSEQUENZ

Die Kon-
sequenz erzeugten
Gefühls im so sanft kraft-
vollen Sog gerichteter Emp-
findung meint Adaption
Ins erlebbar nach au-
ßen gestellt Ur-
eigene

NICHT BESSER

Schlimmer wird

Etwas weil es nicht

Besser wird im dir

Dann nicht mehr

Angehbaren

L A G E

Bist du

In der komforta-

blen Lage etwas nur

Scheinbar nicht Offen-

sichtliches nicht zu

Kommentieren

Zu brau-

chen

B E Z I E H U N G

Ge-
zähltes
Macht sie
Zur Num-
mer

G R U N D L O S

Ein

Heimweh

Ohne Grund

Sucht blind nach

Dem noch nicht

Passiert nicht

Passier-

ten

EINSEHBAR

Wie selt-
sam dass ein mono-
kausaler Zusammenhang der
Psyche entweder falsch banal
Oder so tief ist dass er dir
Selbst nicht einseh-
bar wird

TREFFEN

Wie oft
Hast du gespürt
Einen unverwunde-
ten Menschen
Zu tref-
fen

VERZWEIFELTER MOMENT

Omni-
präsente Fremdheit
Die im unvereinbaren Blick
Auf die visualisierten eigenen
Parameter der Wirklichkeit
Sogar sich selbst fremd
Geworden
Ist

FOTO ZUR UNZEIT

Verlo-
renheit des zu
Ewigkeit gefrorenen
Im perspektivisch nicht
Lösbaren Stillstand un-
tröstlichen Augen-
blicks

GRIFFLOS

Was
Weißt du
Von grifflo-
sen Klin-
gen

F I L M R I S S

Sub-
tiler Hor-
ror des dann
Weißen Lichts

W U N D E

Nie
Ist sie
Nur das

IMMER DA

Das

Unheilbare

An einer Wunde

Dass sie dann

Immer da

Ist

<u>S I C H T B A R</u>

Wenn
Du deine Nase
Bluten fühlst siehst
Du im Spiegel nur
Eine sichtbare
Wunde

P H A N T O M S C H M E R Z

Ihn

Kannst du

Nicht mehr mit

Den Beinen

Jagen

A N S I C H T

Un-
schul-
diges Lei-
den fällt nur
Manchmal
Mehr
Auf

VERLUSTIG

Senkt sich dein Blick

Wenn mein Schmerz

Sein Gesicht verliert

NICHT MEHR

Es ist

Nicht dasselbe

Darauf zu achten

Dass ein Schmerz

Nicht mehr nur

Nicht mehr

Wird

UNTRÖSTLICH

Nicht kein

Sondern stets

Zuwenig

Trost

BENANNT

Scherben
Sind als solche
Benannt stets
Entstellt

KEINE MEHR

Eine
Versehrtheit
Die ihren Namen
Verliert ist kei-
ne mehr

D O R N

Wann

Macht es Sinn

Einen Dorn nicht zu

Berühren weil es

Wehtut

I N T E G R A T I O N

Eine Um-
widmung tem-
poraler Scherben
Die als solche ja
Sind aber nicht
Bleiben was
Sie wa-
ren

ENTZUG DER NENNBARKEIT

Es

Bleibt dir

Ein Versuch des

Verstehens durch den

Verschub ins imaginär

Positive doppelten

Verneinens

MORALISCHE PARAMETER

Als woll-
test du eine zit-
ternd aus dem Takt
Geratene Unruh mit
Dem Hammer re-
parieren

IM ENTSCHEID

Eine
Tragik hat
Etwas im Ent-
scheid stets
Heimat-
loses

I D Y L L I S C H

Im
Warmen
Ist's leicht ei-
nen Wintertag
Idyllisch zu
Finden

B E Z U G

Verlust be-
kommt Quali-
tät durch eige-
nen Bezug

B R U C H

Re-
flexionen
Von Echos auf
Echos schimmern
Im Bruch des er-
innerten Bo-
dens

GEGENWELT

Echo
Das rückbezüg-
lich Direktes als An-
fang hat und Lineares von
Dort wie Unaussprech-
liches vermei-
det

TABU DES BENENNENS

Möglich-
keit im Echo die
Man nur hört nicht
Weil der Blitz nicht
Da ist sondern weil
Er noch nicht ge-
troffen hat

BLITZSCHLAG

Du
Spürst ja
Dass sein Echo
In dir nicht
Altert

E C H O

Verges-
sen löscht nicht
Das Echo der
Folgen

E C H O

Das
Echo weiß
Von seiner über al-
les sich legen-
den Stil-
le

UNTERSCHIED

Und
Doch glaubt
Ein jeder die Lie-
be von ihrem Echo
Unterscheiden
Zu kön-
nen

W A H N S I N N

Echo ver-
unendlichter
Fremdheit

F R E I F E L D

Ein

Immer wieder

Trotz der Umstände

Sich wiederholendes

Geschehnis muss im

Zentrum sein Frei-

feld genutzt

Haben

F R A K T U R

Du
Findest in je-
dem Gesicht einen
Punkt der es unmög-
lich macht ihm dann
Nicht in die Seele
Zu schau-
en

BETREFF

Wenn es
Um Dinge geht
Die dich selbst be-
treffen verlierst du
Den Abstand in
Der Nähe von
Menschen

E I N F A C H

Wenn

Du meinst die

Dinge seien einfach

Stehst du am Anfang

Oder Ende und in

Beiden wirst du

Nicht blei-

ben

NICHT GETAUSCHT

Selt-
sam dass du
Nicht mehr jung
Sein willst aber da-
mals mit dir nicht
Getauscht hät-
test

WAHRNEHMUNG

Es
Ist wohl ei-
ner der seltsamsten
Momente stillen Verge-
hens die Wahrnehmung
Im durchlässigen Bo-
den verschwin-
den zu se-
hen

E I N Z E L H A F T

Kennst
Du eine Form von
Einzelhaft die weder ein-
zeln ist noch haftet und
Doch so hält als wä-
re sie beides

KONTUR DES NICHT MEHR GLEICHZEITIGEN

Wie ein
Moment des im
Dasein immer etwas
Zu Späten das im Außen
Dortsein heißt und Raum
Zwischen den Positio-
nen des unendlich
Negativen

IM BLEIGEWAND

Ist es

So sicher im

Bleigewand dass

Du sicher nicht

Mehr bist

SEELENRÄUME

Warum

Willst du die

Wand verstär-

ken wenn der

Druck in ihr

Zu stark

Wird

E X O S K E L E T T

Eine

Nach au-

ßen gestülpte

Statik wird dich

Im Innern noch

Wund las-

sen

INS HETEROGENE

Wenn

Du zwischen

Nähe und Distanz

Kein Halbfeld mehr hast

Zieht jeder Schritt dich

Ins Heterogene

DAS LETZTE

Welches
Stück darfst du
Nehmen wenn das
Letzte zu greifen
Unfein ist

MUSIKALISCH

Du

Weißt

Nicht das

Licht sondern

Den Regen-

bogen er-

lebst

Du

IN DER ZEIT

Re-
genbogen
Altern nicht so-
bald sie da
Sind

IN LETZTER INSTANZ

Das Wissen
Um das Wissen der
Klänge und zugleich
Um dessen Überwin-
dung im unberührt
Geistigen in letz-
ter Instanz

G R A D

Es gibt eine

Musikalität die nicht

Nur echt und tief ist sondern

Auch so konzis ineinandergreift

Deckungsgleich mit dem mensch-

lich dort Auszusagenden dass

Du sie inwendig können

Musst um sie zu

Lernen

IM ANDERN BEZUG

Es ist
Der Verlust der
Bedeutung durch den
Fall ins Gewöhnliche im
Andern Bezug ein Ver-
gessen des vormals
Kausalen

KEIN GOLFSPIEL

Selbst
Ohne Handi-
cap bleibt jedem
Die zu lösende Fra-
ge nach der musi-
kalischen To-
pografie

K U N S T

Kunst
Erfährst du
Wie Echo aus
Dem Unend-
lichen

K U N S T

Eine

Innere Welt

Zu schaffen in der du

Aufgrund ihrer definierten

Gerichtetheit an keiner Stelle

Wahrnimmst dass ein Bezug

Der auch zu finden wäre

Dort vielleicht

Fehlt

KUNST

Ein

Spiegel der

Dir eine Identi-

tät erleben lässt

Die stets das

Ziel sein

Sollte

K U N S T

Sie

Verlangt in

Ihrer Konsequenz

Von dir dann keine

Entscheidung

Mehr

G E D I C H T

Bilder
Im Bild das
Die Zeit in sei-
nem Lot an-
hält

G E D I C H T

Ein Se-
hen im Gese-
henen das seine
Richtung umkehrt
Sich also selbst be-
gegnet im pris-
matischen
Licht

W E G L A S S E N

Es gibt
Eine Lyrik die
Entsteht durch ge-
schicktes Weg-
lassen

LYRISCHES NORDLICHT

Wir-
kung über
seitlicher Interfe-
renz die aus den Ver-
sen für diese selbst
Sich nicht bele-
gen lässt

VERLUST

Ein in Stein
Gemeißeltes Gedicht
Und alle Worte vielleicht ja
Nur eins als dann wieder
Ausgeschlagen ste-
hengelassen

H I E R

Eigentli-
ches liegt in
Seiner Kon-
sequenz

S P R A C H E

Sie
Spiegelt
In der Auflö-
sung die du
Selbst be-
nutzt

PERSPEKTIVE

Du
Wirst sehen
Dass Kulissenwor-
te nur mit Blick auf
Die Bühne funk-
tionieren

INTERFERENZ

Gebil-
de mit leichter
Verblasbarkeit der je-
weils gefühlten Masse
Sind erst im Abstand
Frei voneinan-
der

KIELWASSERWIRBEL

Die
Interferenz zwi-
schen den Blättern sich
treffender Echos in Form von
Veränderung des Charakters
Der so noch anders erfahr-
baren Wirklich-
keit

A N A L O G I E

Du weißt dass
Es vertan ist den
Anfang des Krei-
ses zu suchen

A P H O R I S M E N

Den Spu-
ren der Glüh-
würmchen
Nach

BÜCHERFINDEN

Wunder-
sam vor die
Hände gereg-
nete Stern-
taler

A N F A N G

Am An-
fang steht ei-
ne Frage die dir
Existentiell gewor-
den ist nicht ein
Buch als Ant-
wort

K L E I N G E L D

Du wirst

Merken dass

Kleingeld nur

Schwer ist

KALLIGRAFIE

Ein
Übervol-
les Herz wird
Auch die Tinte
Verschüt-
ten

D E N K E N

Rechnen
Können heißt
Richtig rech-
nen kön-
nen

GELÖST

Ein
Kreuzwort-
rätsel wirst du
Dann beisei-
telegen

NICHT ANGEBOREN

Geistiges Joggen
Ist wie Radfahren
Nicht angeboren

WEISUNGSRECHT

Zwischen Geistigem
Und Seelischem gibt
Es kein Weisungsrecht

D E N K E N

Du
Weißt dass es
Existentiell nicht not-
wendig zielführend ist
Und doch greifst du
Den Weg um so
Vieles bes-
ser

OHNE KREUZUNG

Du
Brauchst
Keinen Weg-
weiser oh-
ne Kreu-
zung

NICHT SICHER

Du kannst

Dir nicht sicher

Sein dass ein am Ho-

rizont sich verengen-

der Weg es dort

Dann nicht

Tut

A U F D E N R U N D E N

Die Ziel-
gerade nützt
Dir nicht
Viel

ZUMINDEST

Falls du
Über das Ziel
Hinausschießt
Hast du's zu-
mindest er-
reicht

VERFAHREN

Falls

Jemand mit

Einem Maultier

Am Sulky zum

Springreiten

Fährt

A B T R A G

Auf
Der Schie-
fe macht das
Zurückrollen
Des Steins
Keinen
Sinn

VERTAN

Den
Ball flach
Halten indem
Du ihn in Ru-
he lässt

D A R T S

Beim

Dartswerfen

Nützt kein

Visier

E I N S I C H T

Erinne-
rungen hinter
Der Ecke kannst
Du nicht ein-
sehen

ERINNERUNGEN

Die Gegen-
wart ein Blick
Deiner Sonne
Spät in den
Osten

G E W I S S E N

Die
Sprache
Des Schutz-
engels

SPRACHE IM NEGATIV

Es

Bleibt die

Welt der Schat-

ten und bei dem

Was sie vom

Licht wis-

sen kön-

nen

<u>S P I R A L E</u>

Auf

Der Fläche

Wirst du sie

Nie verlas-

sen

SO SELTSAM

Nicht schwindlig zu
Werden sobald du keinen
Standpunkt mehr hast

GEMEINT

Es
Bleibt miss-
verständlich sich
An das zu halten was
Der andere vielleicht
Gemeint haben
Könnte

GENERALSCHLÜSSEL

Du
Musst ihn
Zuerst als sol-
chen erken-
nen

SELTSAM

Ist es
Nicht selt-
sam dass ein
Gelöstes Pro-
blem dann
Gar keins
Mehr
Ist

PERSPEKTIVE

Ein
Gedanke
Wird letztlich
Nur weit durch
Erlebte Erin-
nerung

S C H A T T E N

Sie
Verschwin-
den wenn du mit
Blick ins Licht
Stehst

Inhalt

Weitere Gedichte:

Sonnenuntergang auf blondem Hügel
144 Seiten
ISBN 978-3-89811-044-0
Hardcover ISBN 978-3-7357-7565-8

‚Von Bergen fließen Wasser
Weit über die Ufer
Mit dir hinein in ein
So blaues Umarmen'

Zurück ins Land der Pfirsichblüte
140 Seiten
ISBN 978-3-89811-602-2
Hardcover ISBN 978-3-7357-7749-2

‚Jeder Blick, der auf dir weilte,
Strich wie Lächeln durch dein Haar,
Und als ihr Herz dir fühlbar war,
Dann hört es sich das Eine sagen,
Und fängt an, dich heimzutragen.'

Im Blau der Saphire
152 Seiten
ISBN 978-3-8311-2040-6
Hardcover ISBN 978-3-7357-7459-0

‚Weil Du längst weißt
Dass sie einäugig ist

Lässt Du der Schlange
Den Vorteil der Nacht

Im blutwarmen
Wasser'

Honigfalle
156 Seiten
ISBN 978-3-8334-1260-8
Hardcover ISBN 978-3-7357-7534-4

‚Keiner
Weiß

Ob die Fliege
Am Fänger

Weg
Wollte'

Schmetterlingseffekt
160 Seiten
ISBN 978-3-8334-3109-8
Hardcover ISBN 978-3-7357-7535-1

‚Solltest
Du auf

Schmetterlinge
Hören die

Versehrt
Sind'

Lotgänge
176 Seiten
ISBN 978-3-8334-4677-1
Hardcover ISBN 978-3-7357-7543-6

‚Es
Ist vertan die
Ameisen nach dem
Verdienst zu
Fragen'

Blaualgenblüte
200 Seiten
ISBN 978-3-8334-9242-6
Hardcover ISBN 978-3-7357-7741-6

‚Im
Schimmer
Der Blaualgenblüte
Fallen die Schatten der
Weiden nicht tief ins
Verwunschene
Wasser'

Deichspiele
204 Seiten
ISBN 978-3-8370-0126-6
Hardcover ISBN 978-3-7357-7743-0

‚Wie weit
Kannst du den
Wasserrosen
Folgen'

Der Sprung der Delphine
244 Seiten
ISBN 978-3-8370-9707-8
Hardcover ISBN 978-3-7357-7465-1

‚Noch im Vergessen
Ihn vergessen zu haben
Fehlt dir der Schlüssel
Zu ihrem Geheimnis'

Im Echo der Finken
268 Seiten
ISBN 978-3-8423-5852-2
Hardcover ISBN 978-3-7357-6313-6

‚Glaubst du
Dass es die Liebenden
Nicht sähen falls man sich
Mt ihnen keine Mühe
Mehr gäbe‘

Wasserläufer
416 Seiten
ISBN 978-3-8482-0495-3
Hardcover ISBN 978-3-7357-6238-2

‚Bambus
Folgt ihm noch
Schwanger gegen den
Rat sich windstill
Zu lieben‘

Das Glück des Orangenmädchens
484 Seiten
ISBN 978-3-7357-4191-2
Hardcover ISBN 978-3-7357-6170-5

‚Selbst
Wenn es
Dich bittet
Wirst du
Es tun‘

Kompositionen für Klavier:

Klaviermusik Vol. 1, CD
SKW-86211 (51:29)

(Marius Hoffmann:

1.   Clair de lune
2.   Nocturne
3.   Albumblatt
4.   Image
5.   Étude-Tableau
6.   Wiegenlied
7.   Poème
8.   Poème
9.   Angela
10. Prélude d-moll
11. Vision
12. Nachtstück
13. Poem in fis
14. Poème extatique
15. Poem in e
16. Poème-Nocturne)

Klaviermusik Vol. 2, CD
SKW-86212 (58:02)

(Marius Hoffmann:

1.   Dreamings
2.   Romanze
3.   Poème voilé
4.   Poème enchanté
5.   Méditation sur le nom de Bach
6.   Kaleidoskop
7.   Hommage à Scriabine
8.   Poème fantasque
9.   Valse
10. Poème énigmatique
11. Poème
12. Poème rêvé
13. Poème envolé

14.   Enigma
15.   Vision noctuelle
16.   Boîte à musique
17.   Lutin
18.   Moustique)

Klaviermusik Vol. 3, CD
SKW-86259 (52:05)

(Alexander Skrjabin: ‚Moments intimes'

1.   Poème, op. 32,1
2.   Étude, op. 42,4
3.   Fragilité, op. 51,1
4.   Étude, op. 65,2
5.   Poème, op. 69,1
6.   Poème, op. 52,1
7.   Rêverie, op. 49,3
8.   Désir, op. 57,1
9.   Poème, op. 59,1
10.   Poème fantasque, op. 45,2
11.   Caresse dansée, op. 57,2
12.   Poème languide, op. 52,3
13.   Prélude, op. 48,2
14.   Feuillet d'Album, op. 45,1

Marius Hoffmann:

15.   Poème mélancolique
16.   Étude-Caprice
17.   Danse grotesque
18.   Impromptu
19.   Conte)

Email: Marius.Hoffmann@gmx.de